씨앗 하나

이영옥 시집

씨앗 하나

초판인쇄 2025년 3월 12일
초판발행 2025년 3월 25일

지은이_ 이영옥
발행인_ 이현자
발행처_ 도서출판 현자

등 록_ 제 2-1884호 (1994.12.26)
주 소_ 서울시 중구 수표로 50-1(을지로3가, 4층)
전 화_ (02) 2278-4239
팩 스_ (02) 2278-4286
E-mail_001hyunja@hanmail.net

값 12,000원

ISBN 978-89-94820-04-0 03810

이영옥 시집

씨앗 하나

도서출판 현자

시인의 말

세월은
물 흐르듯이 흘러가지만
계절은
변함없이 찾아오는 반가운 손님입니다.
부드러운 바람은 꽃향기를 안겨주고
삶은 청보리처럼 싱그럽습니다.

가는 세월
붙잡는다고 멈추지 않으니
내 할 일 하면서 아름답게 살고
느린 걸음일지라도 나를 사랑하기로 했습니다.
남은 날들, 작은 불빛이라도 환하게 밝혀 따스함을 전하며
나의 사랑 꽃물처럼 물들이고 싶습니다.

2025년 봄날, **이영옥**

차례

2부/ 감정선

3부/ 씨앗 하나

4부/ 고운 날

1부

강가에서

강가에서

시린 하늘 끝에
하얗게 서서
허공을 응시하는 갈대꽃

숲으로 날아드는 어둠은
하루를 마감하며
외로이 날개 접고

차디찬 밤바람
삶의 넋두리 뒤로 하고
아침을 맞는다

강가에
피어오르는
물안개 걷히고

비상을 준비하는
물새 날개 위로
햇살이 눈부시다

강가

바람 부는 강가에
노을이 지면
갈대밭 사이로 세월이 간다

물비늘 반짝이며
흐르는 강물
하현달 그림자
외로이 물속에 드리우니

가는 인생
갈대밭 숲에서
서걱대며 걸어가는구나

달빛 아래
흐르는 강물
바람처럼 세월이 가는 것을

노을

비 갠
서쪽 하늘

바람이
구름을 쓸고 난 뒤
서녘에
노을이 아름답게 지네

너를 향한
내 마음이여
저 붉게 타는 노을처럼
찬란하여라

동행

해 질 녘 서쪽 하늘
외로운 별 하나
밤하늘 어둠이 내리어
더 빛나는 것을

은하수 강가에
끝없이 떠가는 저 별
어느 곳을 향해
끝없이 떠가나

만월로 가는 달빛
가는 길 비추어 동행하니
천체의 조화로움이
아름다운 우주인 것을

두만강

산기슭 붉게 핀 진달래꽃
곱기도 하여라

고단한 인생의 넋이런가
밤새워 우는
두견 적막을 깨워도
두만강 소리 없이 흐르네

꽃잎 위 떨어진 눈물
말없이 서러움 토해내고
강을 잇는 철제다리 위로
찬바람만 지나가네

인고의 흔적 짊어지고
지나가는 고뇌의 세월
산하의 정적
아직도 깨우지 못하고

언제 한 번 소리 내 웃어 볼까
적막이 숨을 쉬며 깨어날까

아침이 밝아 두견은 잠들고
맑고 푸른 강물 위에 뱃놀이해 볼까

저 산기슭 붉게 핀 진달래꽃
아름 따다 발을 엮어 강물에 깔고
손에 손 마주 잡고 크게 웃으며
새 역사의 한마당 춤을 추어볼까

망향

조강의 황토물
푸른 하늘 아래
녹슨 철조망 붙들고
하얗게 꽃핀 데이지

아스라이 다가오는 송악산
자유로이 넘나드는 새들의 날갯짓
오늘도
해는 뜨고 진다

산을 넘어
강을 건너
유유히 흐르는 역사
드넓은 평야에 희망의 씨 뿌리고

붉게 타는 노을
조강에 드리우니
새들도 울음을 삼키며
깃을 접는다

숨죽여 흐르는 강물
산하에 흩어진 영혼들
바람꽃 되어
오늘도 별처럼 반짝인다

이야기꽃

겹쳐진 산릉선
흘러내리는 푸르름이
내 앞에 다가와 마주하며
영글어 가는 여름 한낮
숲의 냄새가 정겹게 웃고 있다

더위 식히려
따라 들어온 바람
흐트러진 머릿결 쓸어 넘기니
한낮의 휴식은 망중한 꿈결이어라

도란도란 쌓인 이야기
차 한잔 앞에 두고 둘러앉아
펼쳐보는 사연 가지각색
인고의 보따리 다 달라도
겹겹 싸여 있는 산줄기처럼 맥락은 하나

검은 구름 비 몰고 와
후드득 후박나무 넓은 잎 때리는데
아직도 못다 한 이야기꽃 접지 못하고

여름내 피었다 지는 백일홍처럼
긴긴 여름 노래하며
하얀 서리 내릴 때까지 이야기꽃 엮으려 하네

인생은 여행

이 너른 세상
그대 온 것은
우연이 아니라

세상에 왔으니
그대
인생 아름답기를

작은 것 하나라도
그냥이란 없으니
모든 것 소중한 삶이라네

그대 인생
오늘도
세상에서 눈부시게 빛나

추억이 되고
사랑이 되어
인생 끝자락에서

웃을 수 있다면
세상에 온 것
잘한 일이라

별빛

별빛 쏟아지는 강가에서
어둠은 먹물처럼 침식되어
깊게 스며든다

소리 없이 다가오는
숲의 소리는
이 밤도 죽음처럼 고요하다

북두칠성 미리내 강가에
보석을 뿌려 놓은 듯
내 가슴에 수를 놓는다

인연이란

인연이란

내가 애쓴다고
오는 것이 아니다

만나려 애쓴다고
인연을 만나는 것이 아니라

애쓰지 않아도
찾아오는 것이 인연이요

만나려 애쓰지 않아도
만나게 되는 것이 인연이다

만날 인연이라면
운명처럼 다가오는 것을

사랑

사랑은
소녀로 만들고
나이를
잃어버리게 하는 마법사

사랑은
가슴을 뛰게 하고
설레게 하는 봄바람 같아

어쩌면 좋아
수줍어 고개를 저으며
눈을 감아도 보이는 건 너뿐

억새밭에 흩어지는
강바람 비 뿌려도
사랑은
곱게 물들어 가는 단풍꽃 닮았네

초승달

초저녁 어둠이 내리고
창문 너머 언뜻 보이는 초승달
눈썹 하나 그려놓고 웃고 있다

별 밭 속
만월의 꿈을 품고
불빛 켜지는
아파트 꼭대기에 걸터앉아

세상의 빛을 밝히려
희망의 돛을 달고
서쪽을 향해 떠나려 한다

자전과
공전 속에서
돛대도 없이
밤새워 새벽까지 등불을 밝히고
기약 없이 떠나도

이 밤이 지나고
다시 어둠이 내리면
내게로 찾아오리라

특별한 가을

세상이 아름다운 것은
네가 있기 때문이다
이 가을이 더 붉은 것은
너의 사랑이 있기 때문이다

저 하늘
구름 사이로 스치듯 보이는 것은
너의 미소 띤 얼굴,
붉게 물든 단풍나무 숲에서
밀려오는 바람결에서도
그리움이 묻어 있음을

커피 냄새 가득한 카페
홍시가 그리움처럼 익어가고
구릉진 산기슭에
오후의 햇살이 길게 드러눕는다

단풍이
곱게 물들어 흘러내리는 관악산 끝자락
이 가을은
네가 나에게 온 것처럼
오색의 사랑으로 물들어 가고 있다

봄소식

들려온다
벌써
차가운 바람 속에서도

꽃잎 올리려
눈 녹아내린 가지마다
하얀 구슬 달아 놓고

봄소식 전하려
노크하는 까치 소리
햇살 고운 정원으로 데려온다

다가오는
정령의 발걸음 소리
문 열고 귀 기울이며

지나가는 바람 소리
살며시 엿듣는다

봄날 같지만

행복을 찾지 말아라
그 행복
스스로 걸어와
느낄 수 있어야 행복인 것이다

사랑 찾지 말아라
그 사랑
스스로 다가와
내 손 잡고, 사랑이라 말할 때까지

그 사랑
기다림으로
그리워하는 것이
진정한 사랑이다

따스한
봄날 같지만
사랑은 아픔도 함께 온다는 것을

홀로라도

저 들판에
서 있는 소나무

비바람에도
푸르게 버티며
진토에 뿌리 내리고

찬 이슬 맞아도
푸른빛 더 푸르러
홀로라도 창창하여라

2부

감정선

감정선

삶이란
다 때가 있지
사랑할 때
그리울 때
보고 싶을 때 그리고 떠날 때

삶이란
다 때가 있는 걸
힘들 때
곤할 때
아플 때 그리고 슬플 때

삶이란
다 때가 있어
웃을 때
속상할 때
울고 싶을 때 그리고 외로울 때

인생이라는
존재 안에서

피어나는

일곱 색깔

무지개 감정선

꿈을 꾸렴

가늠할 수 없는 삶이
외로움으로
너를 가둬 떨게 할 때

끝없는
해안가를 거닐며
높고 넓은 하늘을 올려다보고

골 깊고 높은 산을
바라다보며
용기 내어 보렴

산다는 것에
어떠한 이유도 꿈도
측량한 계획도 없을 때

이 모든 것
지나온 길 위에 버려두고
일어나 다시 걸어 꿈을 꾸렴

용기를 내어

너에게

생각 하나로
웃음이 나올 때가 있고
떠올리기만 해도
그리운 사람이 있다

우연히 알게 된 인연으로
가슴앓이하고
아파하며 시끄러운 속은
잠을 이루지 못하게 했지만

머무는 곳마다
차곡차곡 쌓이는 정
그 정은
사랑이란다

누구나 가는 길

모두가 가는 길
그 길 끝이
먼 곳 같아도 가깝고
가까운 것 같아도 먼 길

우린 모두
도무지 알 수 없는
그곳을 향해
저벅저벅 걸어가고 있다

되돌릴 수 없는 시간
타이머를 맞혀 놓아도
고장 난 시계처럼
가고 있는 길

누구나
가는 길
그 길 위에
가을볕이 따사롭다

때론

산다는 것이
어렵다 했다

퍼즐을
맞추듯이
살다 보니
인생의 가을이 되었는걸

눈부신 날도
애달픈 날도 아니었지만
되돌릴 수 없는 것이
인생은 연습이 없으니까

늘, 때때로

늘, 때때로
생각나는 사람
그런 사람이 내게 있다는 건
행복한 일이지요

늘 때때로
그리운 사람
그런 사람이 내 가슴속에 있다는 건
설레는 마음으로 살게 하지요

오늘도
내일도 말없이 가는 인생
칼바람처럼 가는 세월 속에서
따스한 미소를 건네주는 사람
그대 있으므로 살맛이 나지요

늘 때때로
보고 싶은 사람
그런 사람 사랑할 수 있다는 건
기쁜 마음으로 살게 하지요

언제나 어디서나
내 눈 속에서 아른거리는
그런 사람이 있다는 건
내 삶을 그리움으로 물들게 하지요

늙은 호박

여름내
더위를 온몸으로 달구어
노랗게 익히더니
텃밭 귀퉁이에 달이 떴다

곰방대를 두드리며
호령하던 조모의
서슬 퍼런 눈초리가
뒷꼭지에 날아와 꽂히던 가을 끝

무르익고 익어
앞마당에 자리 잡고 누운 늙은 호박
며느리 허벅지 속살처럼
노란 속을 드러내놓고 웃고 있다

가마솥더위도 식히는
어둠이 밥상머리 끝으로 오기 전
늙은 호박은
해산한 손부 앞에 가득 놓여 있고

조모의 사랑만큼
하늘에 보름달이 떠 있다

마음 그릇

마음이라는
그릇에

예쁘고
고운 것들 담아

행복할 수 있게
만드는 것이 나의 할 일이지

마음이라는
보자기에

사랑으로 수를 놓아
나눌 수 있도록 만드는 것이

우리
모두의 인생이지

밥상 앞에서

한 상 둘러앉아
도란거리는
손녀들 웃음소리

그릇 가득
이 손 저 손 행복을 나르며
한 주의 이야기를 담는다

밥그릇 비어 가고
행복은 가득 채워지니
웃음꽃이 가득
가슴은 언제나 따뜻한 한 상

달이 따라온다던 큰 손녀
숙녀가 되어
나비같이 차려 입고
홀로서기 잘도 하고

고 삼 손녀 시간 앞에
애쓰는 모습 안쓰럽고

중 이 막내 손녀
용돈 앞에 춤을 춘다

아침에도 한 상 모여 앉아
행복을 입에 넣고
얼굴 마주 보며
도란도란 이야기꽃 밥그릇에 담아본다

봉숭아꽃

손끝에 봉숭아
빨갛게 물들이면
그리운 울 엄마가 생각이 난다

엄마 무릎
베개 삼아 눈감으면
불러주던 자장가 소리에 스르륵 잠들고

손톱 끝에 봉숭아꽃
빨갛게 물들으면
떠나간 울 엄마 찾아오시려나

고향 집 마당 가에
봉숭아꽃 만발하니
내 마음 그리움에
빨갛게 물들어간다

인생

아름다운 세상
멋지게 살다가
한 줌 재가 되어
먼지처럼 사라진다 해도
웃으면서 떠날 수 있다면
이보다 더
아름답지 않을까

힘겨운 세상
고단한 삶이라도
열심히 살며
최선을 다했다면
나의 인생은
부끄럽지 않으리

거울 앞에서
마주 보고 서 있는 인생아
어디를 봐도 답은 없고
뜻만 있었다면
그것도 성공한 인생 아니던가

소년이

긴 시간 서성이고 있었지
길을 찾으러 둘이서

맑은 눈을 가진, 한 아이
어딜 찾느냐고 물었지

천진스러운 소년은 웃으면서
길을 일러주고
폴짝폴짝 뛰어가더군

그것이 일상인 것처럼
습관처럼 길을 알려주고

돌아보지 않고 가는 소년이
눈앞에서 아른거려
천진스러운 아이가 사랑스러워
웃음 만 던져주었지

잘될 거야
너는 잘될 거야

그리고 우리도 잘될 거야
소년이 우리 길을 일러준 것처럼
다 잘될 거야 하면서 최면을 걸어 본다

눈앞에
다가와
길을 일러준 소년
우리 인생의 구세주일지도 몰라

엄마의 기도

자갈밭 같은 세상이
고난 같아도

어느 날
예쁜 들꽃 하나 돌 틈에 피어나

그 향기
우리를 축복하듯이

우린
희망으로 살아가고 있는 것

어머니의 간절한 기도 하나
그분은 알고 계시니

믿고
힘을 내어 사는 것이 우선순위

힘겨운 일들
가슴 아픈 것들 다 지나갈 것을

너무 힘들어하지 말고
너무 아파하지 말고
물 흐르듯 흘러가게 내버려 두자

존재

새벽
정적을
깨우는 숨결 소리

고요함
시계 초침 소리로
일어서려 한다

어둠의 공간 속에서
파문을 일으키며
또 하루의 삶을 준비하고

생명의 규칙적 맥박이
심장을 두드리며
심연의 적막 깨트린다.

숨
쉴 수 있다는 건
존재한다는 것

새벽 시간
어둠을 헤치고
오늘도 나는 살아 있다

추억 하나

반짝이는 호수 위로
오리배 두둥실 손님을 기다리고
머리 위 태양은 이글거리는
눈으로 여름을 재촉한다

지쳐가는 한낮 시간
커피숍 창틈으로 빵 익는 냄새
발걸음 멈추면
배시시 피어나는 웃음꽃

추억을 펼쳐놓고 회상해도
돌아갈 수 없는 과거
다시 올 수 없는 그리운 날들
우린 인생의 끝에 서 있다

청록색 숲의 그림자
겹겹이 접어 물밑에 드리우면
유월의 밤꽃 내음 코끝을 스치고
철모르던 시절
그리운 이름 하나 허공에 맴돈다

해야!

낙조의 아름다움은
가슴을 뛰게 한다

숨을 멈추고 바라봐도
떨어지는 해의 모습은
곤두박질치는 커다란 불덩이

서쪽 하늘 붉게 물들이고
하루의 모든 것을 불태우고 있다

밤새도록
지구를 돌고 돌아 다시 돌아와서도
꺼지지 않는 우리 사랑처럼
너의 그 열정 내게 안겨다오

해야!
해야!
내 가슴
잿더미가 되어도 좋을 테니

허상

텅 빈 하늘
그대 모습 그려 넣고
웃어 봅니다

꿈꾸듯 다가와
스치듯 지나가는 허상 앞에
그저 바라만 봅니다

멀어져 가는 뒷모습
사라져 버리면
허전한 마음만 붙들고 서 있습니다

어둠이 밀려와
모든 것을 덮어버리면
나는 외로움에 떨고 있겠지

차가운 별빛이
머리 위로
쏟아져 내립니다

좌우명

새벽에 내린 찬 이슬
선득하니
옷깃을 파고든다

모두가
혼자가 되어 서성이는 계절
인생은 어디를 향하여
쉼 없이 가고 있는 것일까

차가운 바람이 거리를 헤매고
뒤돌아볼 수 없고 앞만 보고 가는 생
때론
창가 따스한 불빛이 걸음을 멈추게 해도

나의 좌우명
냉정함 잃지 않고
언제나 바른길로 걸어가는 것

기일

어머니
잠들어 계신 곳 찾아가니
잔설 하얗게 덮인
무덤가에
고라니 한 마리 놀다 가더이다

찬바람 속에 솔 내음 퍼지고
술잔 속에 어리는
어머니 얼굴 웃고 계시니
반가운 마음에
엎드려 인사 올립니다

백일홍꽃을
좋아하시던 어머니
봄이 오면
무덤 앞에 백일홍을 심으렵니다

고삼차 꽃
흐드러지게 피었던
추석에 뵙고 오늘 다시 뵈니

어머니 모습
눈부신 잔설처럼
바람에 날아갑니다

축복의 날들

날마다
새로운 날
주신 것에 감사합니다

하늘과 땅 사이
해와 달 별들을
볼 수 있게 하신 것 감사합니다

내가
여기에 있는 것은
당신이 선물로 주신 날들입니다

꽃과 바람과 새소리
노을 지는 들녘에
계절이 오고 가는 것을 보며

꽃이 피고
숲이 무성해지고
고운 색 물들이는 계절과
햇살과 바람을 타고 내리는 눈을

바라볼 수 있는 삶에 감사합니다

누리고 산다는 것
이 모든 것이
공짜라는 것
당신이 내게 준 최상의 것을
감사한 마음으로 살고 있습니다

날마다 새로운 날
선물로 주신 것은
당신의 축복입니다

3부

씨앗 하나

가을꽃

한 떨기
들국화 피어 있는 언덕
노란 꽃향기 날리고
꿈꾸듯
누워 물들어 가고 있는 산

올망졸망
눈망울 열리며
흐드러지게 피어나는 산유화
가을 숲 가득 채우고

산새들
깃 접고 한가로이 노래하면
꽃향기 안개처럼 퍼지고
애기단풍
꽃 되어 피어나네

겨울이 내리는 계절

눈 꽃잎
이불 위로
고운 빛 물들이고 가는 가을
겨울을 맞이하고 있다

눈부신 햇살
눈밭 위에
은빛 가루를 뿌리며
청솔가지 위로 하얀 바람이 지나간다

꽃잎처럼
맴돌며 떨어지는
꿈의 조각들은
옷깃 사이로 찾아와 순백의 꿈을 주고

오고 가는
계절의 순환 속에 한 시절이 가고
첫눈은
먼 기억 속에서
아련한 꽃잎처럼 찾아온다

달맞이꽃

나뭇잎을 흔들며 울어대는
매미 울음소리 여름을 채우고
말없이 흐르는 물은
그리움으로 흘러간다

그늘을 찾아 서성이는 햇살
한낮의 열기를 식히고
들길을 걸어 쉼 없이 가는 바람
언덕에서 쉬고 있다

여름밤 하얗게 내리는 달빛은
노란 달맞이꽃을 피우려
긴 장마를 끝내고서
보석 같은 별빛도 떨구는가 보다

먼 산 위에
구름은 구릉 위를 오르며
짙은 숲의 청량함을 퍼 나르니
여름이 뭉실뭉실 피어난다

소낙비 같은 사랑
무지개를 엮어 걸어놓고
흘러가는 그리움 잡으려 해도
마음은 언제나 텅 빈 술잔 같다

매미 소리
숲으로 사라지기 전
사랑 하나 주고 가기를 소망하며
그리움은
노란 달맞이꽃으로 피어난다

민들레꽃

자갈밭에 피어난
노란 민들레꽃
너는
어여쁜 나의 애인

파르르 바람 소리
놀란 너의 입술은
아름다운 향기로
세상 밭에 퍼지누나

어여쁜 나의 사랑
파란 잎새 위에
하얀 화관 쓰고
먼 길 떠날 준비하네

하늘 높고 구름 잔잔한 날
바람 타고 쉼 없이 날아가
어느 돌담 밑 터를 잡고
다시 꽃으로 피어날 것이다

박꽃

달빛 내리는
담장 위
초록 잎 사이로

수줍은 얼굴
미소지며
하얗게 피어 있는 꽃

눈부신
꽃잎은
요조한 여인의 속살

청초롬한 네 모습
사모하는
달빛이 시리구나

사랑이라

두 눈 맑게 뜨고
세상을 바라보니
보이는 것 모두 사랑이라

나뭇잎에 걸려 있는
오후의 햇살도
가을꽃 바람에 춤추는 것도

고운 마음으로
바라보면
모두 다 사랑이라

내가 너를 사랑하는
마음으로 바라보니
세상이 아름다운 것처럼
너의 마음도 맑고 고운 것을

세상 모든 것
꽃물처럼 물들어
모두 다 사랑이 되고
모두 다 아름다움인 것을

시과들의 여행

단풍나무 가지 끝에
찰랑찰랑 매달려
바람에 춤을 추듯이

숲의 정령들 손을 잡고
축제를 여는 너희들은
예쁜 드레스를 걸쳤구나

잠자리 날개를 달고
뱅글뱅글 돌면서
하나둘 바람 타고 비상을 하니

꿈꾸듯
별 되어 쉼 없이 돌고 돌아
어느 허공에 묻히려나

귀면각

하루
피고 지는 꽃
인생이 너무 짧아

오랜 날 너를 잉태하여
고행의 시간
그 기다림은 인내의 기쁨

환한 미소로 다가오는
님의 얼굴
세상 것이 아닌

천상의 꽃
환생하여 내게 온 듯
아름다운 자태는 고귀해라

눈부시게 다가오는 꽃잎
하얀 드레스 갈아입고
고고한 선녀 되어 다가오던 모습

이제는
하룻날, 하룻밤 꿈처럼 사라지고
긴 여운은 아쉬움과
그리움으로 남아 있구나

해바라기

너만
바라보는
지고지순至高至純한 사랑

온종일 빙빙
너만 따라다니다가
까맣게 타버린 마음

무성하던 푸른 잎
떡잎으로 노랗게 물들어 가도
여름내 버티고 서서
속만 태우는구나
애만 태우는구나

씨앗 하나

씨앗
하나 날아와
돌 틈에 터를 잡고

소중한 생명
작은 꽃 하나 피우니

너로 인해
세상이 아름답고

너의 향기는
온 세상
살맛 나게 하는구나

억새꽃 사랑

회색빛 하늘
질척이는 가을비
소리 없이 머리 위로 날리고

비에 젖은 억새꽃
허리 휘청
조롱조롱 물 구슬 그네를 탄다

그리움이
안개비처럼 다가오는
억새꽃 흐드러지게 핀 길

내일 또다시
이 가을을 바라보며
너를 기다린다

작은 꽃

풀숲에
작은 꽃 하나

봄까치꽃이
피었네

어쩌다 바람 불면
향기도 나고

풀숲에 가려서
보이지 않아도

보랏빛 피고 지며
웃고 있다네

참사랑

너에게 줄 수 있는 것
순수한 사랑

너를 사랑하는 것
조건 없는 사랑

진실만이 있어
아름다운 것

저 들에 핀 장미꽃
향기처럼 사랑하리라

코스모스

소녀가 웃고 있네
긴 목 늘리고
하늘 바라보면서

허공 뱅글뱅글
고추잠자리
꽃잎 끝에
살포시 내려앉으면

고개 숙인 고운 꽃잎
수줍은 미소는
늦가을
향기로 들판을 수놓네

바람결에
파르라니 떨리는 꽃잎
가을이 물들어 가고
소녀의 웃음소리 거미줄에 걸렸네

억새꽃

고요한 전선
소리 없는 적막이
바람에 스친다

산하에 피어 있는
하얀 억새꽃
그리움으로 나부끼며

비무장지대
철조망 지뢰표시는
전쟁의 깃발처럼 걸려 있다

갈 수 없는 실향민들
잃어버린 고향은
숲이 우거져 보이지 않고

고라니
멧돼지만
밤으로 넘나든다

오래전
전쟁으로 전사한 병사의 영혼
고향으로 돌아가지 못하고
하얀 억새꽃으로 피어 있다

눈꽃

가지마다
풀잎마다
바람이 피우고 간 얼음꽃

솜처럼
포근한
목화이불 덮어놓고

내 누이
속살처럼
하얀 얼음꽃

가지 끝
풀잎 끝
은구슬 달아놓고

바람이
지나가며
얼음꽃 활짝 피웠네

동백꽃

붉은
꽃잎 속에 고요

달을 품고
고뇌하는 너는

영혼인 듯
찬바람 끝에 피는 것을

4부

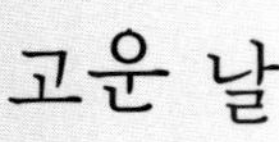

고운 날

고운 날

비 그치고
무지갯빛
아침 햇살 곱게
이랑 사이로 내려오면

고추는
붉게 익어가고
긴 수염 에헴 달고
알알이 여물어 가고 있는 옥수수

고추잠자리
빙글빙글 풀밭 위에서 아침을 맞고
계절은 소리 없이
여름을 끌고 가며 삼복도 지나가리라

아침 햇살 고운 날
감사하는 마음으로
세상에서 살기를
두 손 모아 기도한다

그리움

붉게 타는 저 단풍
내 마음 같아라

가을이 앞에 와서
사랑을 주고 가니
모두가 꽃밭이라네

들국화 꽃향기
창가에 두고
편지를 쓰며

고운 단풍
앞에서
그리움 달래네

고추

밭고랑 위에서
하얀 별꽃들을 피우며
수줍게 익어가는 고추

바람과 햇빛을 선물 받고
빨갛게 물들어 가는 것은
농부의 애타는 마음 때문

초가지붕 위에서도
멍석 위에서도 누워
온 힘을 다해 몸을 달군다

여름날의 꿈처럼 고추 열매
붉게 붉게 물들어 가고
미루나무 위에서 맴맴맴

서럽게 울어대는 매미는
칠 년의 억겁을 지나
또다시 태어난대도

저 나무 위에서 여름을 재촉하며
고추가 붉게 익어 가기를
울음으로 보태려 하겠지

피서

물 싸고
간식 싸고
영화관으로 피서온 노부부

마주 보고 웃으면서
옥수수 알갱이를
입에 털어 넣는다

중절모에 안경 쓴 남자
마주 앉은 여인은
얼려온 식혜를 권한다

찜통더위
갈 곳 없는 노부부
냉방 잘 되는 영화관에서
사랑도 알알이 익어간다

검은 머리 파 뿌리
서리가 내리고
주름진 얼굴에 역사를 기록하며
굴곡진 생이 여물어 간다

뒤돌아보면

인생은
언제나 그리움

다
지나가고
떠나가고
흘러가고

남는 건
그리움뿐

마음을 비우고

누구나
행복을 원하지만
그 행복
다 가질 수 없으니

내게 있는 그대로
내 복이려니
사는 것이 행복이지

때론 나도 그 부요
누리려 애썼으나
다 부질없는 걸

그저 있는 그대로
살아 숨 쉬는 것만으로
감사해야지

때가 되면
모든 것은 지나가니
우리도 다 갈 것을

애착하지 말고
살다 가는 것이
마음도 몸도 편할 것이지

매운맛

겨울입니다

창문 너머 들바람이
고추보다 더 매운맛으로
퍼지고 있습니다

따스한 커피 향이
유리창 한 겹 가리며
시린 물방울로 흘러 엉기고 있습니다

문지르고
닦아도
다시 서리는 마음 안 슬픔처럼

오늘도
고추 맛 같은 바람은
훈풍으로 다가올 봄을 기다립니다

빈 밭에 허수아비

너를 만나고
뒤돌아서면
내 마음 두고 와도 허전한걸

너의 모습
두 눈 속에 담아 와도
그립고 그리운 것을

덜컹대는 기차 소리
붉게 지는 서쪽 하늘
기러기 줄지어 어디로 가나

마음은 언제나
서성이는 그림자
마셔도 마셔도 빈 술잔 취하지 않네

내 마음
허허로운 벌판
빈 들녘
석양에 물든 외로운 허수아비
기러기 울음소리만 가득하네

보내지 못하는 것은

보내야지 하면서
보내지 못하는 것은
당신을 사랑하기 때문입니다

보내야 하는데
그리하지 못하는 것은
그럴 용기가 나에게는 없기 때문입니다

보낸다고
떠날 당신이라면
사랑이 아니었겠지만

인연이라 했던 것도
사랑이라 했던 것도
언젠가는 왔던 데로 돌아갈 것을

스스로 떠나가는 것은
어이 할 수 없으니
그때는 눈물 흘리지 않으렵니다

보내야지 하면서
아직도 보낼 수 없는 것은
사랑이 떠날까 두렵기 때문입니다

보내야 하는데
그리하지 못하는 것은
당신을 너무 사랑하기 때문입니다

시월의 끝날

사랑하는 너
언제나 그리워하는 것은
국화꽃 향기로 다가오던 너를 잊지 못함이지

고운 옷 차려입고
다정하게 미소 띤 얼굴로
내게 다가오던 단풍 같은 너를

햇살 고운 날
바람 타고 날아와
내 마음 붉게 물들이는 너

잡을 수 없는 너
찬 서리 오기 전
사랑이라는 이름으로 너를 보내련다

아침

어둠이
새벽에 떠밀려
사라지고

창문 너머
아침이
밝아 온다

먼동 트고
구름 사라진
청명한 하늘

새벽바람
코끝에 다가와
계절이 오는 것을 타전하면

어둠
사라지고
붉은 햇살이 쏟아진다

오늘 하루

웃자
오늘 하루

참자
웃으면서

살아 있으니
감사해야지

아름다운 세상
작별할 때까지

장미꽃 향기

사랑은
장미꽃 같아
달콤한 향기가 나네

그 향기
포도주처럼 취하게 하고
심장을 뛰게 하니

붉은 꽃잎
입술 열고
숨을 쉬며

향기로운 세상
사랑으로
물들게 하네

지하철역에서

지하철역
문 하나 사이 두고
연인이 서 있다

옆에 앉은 아가씨
손을 흔들며
배웅하는 남친에게
인사를 하니

창 너머 서 있는 애인
눈웃음 하며 손을 흔드네

떠나려 하는 지하철
바라보는 두 눈에
애틋한 사랑과
행복이 가득하고

연신 키스를 날리는 애인
두 팔 올려
사랑의 하트를 그리며

전화하겠다네

떠나는 지하철
사랑을 실려 보내고
연인들은 아름다운 꿈을 꾸며
이 밤도 단잠을 이루겠지

그대, 가을도

그렇게
뜨겁게
타던 여름이 언제였나

벌써
산하에
가을이 널려 있더이다

기다린다 해서
빨리 오는 것도 아니고
때가 되면 오는 것을

성급한 마음으로
여름만 탓하더니
서늘한 가을이 인심을 베푸는구나

하늘은 높고 푸르니
한 점 구름도 사라지고
코스모스꽃 가녀린 몸짓으로

백일홍과 어우러져
길손을 반기며
가을을 안겨주네

임이여!
함께할 수 있는 이 가을이
너무도 감사해

노래하는 마음으로
시 쓰고 사랑하며
고운 인생이길 소망하네

봄소식

강가에
물비늘 반짝이며

물까치 떼
봄맞이하려
세신洗身 한다

귓가에
다가오는
봄의 소리

아지랑이 피어나는
풀숲에
노란 민들레 꽃잎 벙근다

-이영옥 시집 『씨앗 하나』를 중심으로

삶의 미학과 인간다움

김경수 (시인, 문학평론가)

삶의 미학과 인간다움

— 이영옥 시집 『씨앗 하나』를 중심으로

김경수 (시인, 문학평론가)

가는 세월
붙잡는다고 멈추지 않으니
내 할 일 하면서 아름답게 살며
느린 걸음일지라도 나를 사랑하기로 했습니다
남은 날들
작은 불빛이라도 환하게 밝혀 따스함을 전하며
나의 사랑 꽃물처럼 물들이고 싶습니다.

-〈시인의 말〉 일부

1

영국의 시인 하우스먼은 시를 창작하는 일은 "상처받은 조개가 지독한 고통 속에서 분비 작용을 하여 진주를 만드는 일"과 같은 것이라는 말을 했다. 이는 진주처럼 영롱하고 아름다움을 가지려면 그 나름의 숱한 상처의 시간을 견디며 지나야만 되는 것이며, 세상에 존재하는 모든 아름다움이 그렇듯 처음부터 저절로 아름다움은 없다는 뜻일 것이다. 그래서 시를 포함한 모든 예술은 고통이란 상처가 피워낸 꽃이 아닐까 생각해 본다.

이는 필자가 항상 가슴 속에 품고 있는 "시는 영혼에 대한 간절한 기도"라는 말과도 상관성이 있다고 본다. 그만큼 글을 쓰는 데는 간절함, 다시 말해 진정성을 가지고 정성을 다하여 써야 독자나 대중에게 공감을 받는다고 할 것이다.

시인이나 작가가 글을 쓰고자 할 때 그 어느 것보다도 생각해야 할 것은 화자 자신을 객관화시키는 일이다. 이는 자신을 단순하게 자기 존재만으로 귀착시키지 않고 확장해보는 안목일 터이다. 인간이라는 서정성을 기초로 하는 근원적인 문제에 뿌리를 내리고 좀 더 고뇌하고 단단하게 자신을 구축하는 과정에서 인간은 나름의 가치를 발견하게 되고 진실한 의미에서의 시인으로서 존재를 만나게 될 것이다.

좋은 시란 감정, 감각에 따른 과분한 표현, 기분의 표현, 지나친 자기도취에 빠져 쓴 글이어서는 곤란하다는 말이다. 이 말은 어떠한 형태의 글이든 사색의 깊은 골짜기에서 건져올리는 것일 때 나름의 감동과 가치를 가질 수 있다는 것이다. 문학은 우리 인간의 감정을 고양시키는 힘이 있어야 하고, 지향하는 이상향을 담고 있어야 하기 때문이다. 그러나 이러한 작업은 결코 쉬운 일은 아니다. 하나의 생각을 작품으로 형상화한다는 것은 위에서 언급한 하우스먼의 말과 같은 것이기 때문이다.

이번에 첫 시집을 내는 이영옥 님은 올해가 고희를 맞이하는 해이다. 뜻깊은 고희를 맞이하는 그의 각오는 희망찬 내일을 설계하고 젊음이 시작되는 봄날의 고희이다. 젊은 시절 못다 한 배움에 대한 갈증을 해소하기 위해 한국방송통신대학교에 지원 합격하였으며, 국내 유수한 문예지인 착각의 시학에 시를 응모하여 당당하게 당선, 자연인 이영옥 이란 이름 외에 성스럽고 고귀한 "시인"이란 또 다른 이름을 얻었다. 거기에 하나 더, 그동안 나름대로 인생을 살면서 내일을 추구하는 꾸준한 글쓰기를 통해 오늘 첫 시집까지 출간하는 그야말로 자신의 삶을 예술로 승화시키는 역량을 보여 주고 있다.

인간은 미래를 모르기에 오늘을 더 나은 삶을 위해 추구하는 것처럼 이영옥 님도 그의 삶을 지탱해 주는 현상들로부터 나름의 의미를 찾아야 한다는 정신이 깔려 있다고 보인다.

이제부터는 이러한 이영옥의 시 세계를 통해 좀 더 자세하게 들여다보기로 하자.

2

이영옥 시인의 삶에 내재 되어있는 젊은 시절의 꿈은 누구나 한 번쯤 설렘이었던 문학 소녀였다. 그 꿈이 지금 이루어

졌고 시를 통해 그리움과 회한의 세월을 접고 삶의 세계를 재발견함으로써 자기 구원 즉, 새로운 생의 정열을 불태울 것을 찾고자 함이다. 바른 용모와 아름다운 마음을 유지하며 반듯하게 살아온 그의 삶을 엿볼 수 있음이다

자갈밭 같은 세상이
고난 같아도

어느 날
예쁜 들꽃 하나 돌 틈에 피어나

그 향기가
우리를 축복하듯이

우린
희망으로 살아가고 있는 것

어머니의 간절한 기도 하나
그분은 알고 계시니

믿고
힘을 내어 사는 것이 우선순위

힘겨운 일들 가슴 아픈 것들
다 지나갈 것을

너무 힘들어하지 말고

너무 아파하지 말고
물 흐르듯 흘러가게 내버려 두자
–「엄마의 기도」 전문

시인에게 있어서 어머니에 대한 기도는 자애로움의 근원이거나 희망의 원천이다. 후손들에게 삶의 생기를 더해주는 생명과 사랑 그 자체이며, 어머니는 믿음의 모태이다. 그래서 "우린/희망으로 살아가고 있는 것//어머니의 간절한 기도 하나/그분은 알고 계시니" -「엄마의 기도」(4~5연)처럼 그의 서정의 시간에는 자신이 믿고자 하는 대상에 대하여 확실한 동화(同化-assimilation)의 진심에서 현실을 바라보는 눈은 매우 긍정적 서정을 가지고 있음을 알 수 있다. 그래서 힘겹고 가슴 아픈 일들은 다 지나갈 것이니 "너무 힘들어하지 말고/너무 아파하지 말고/물 흐르듯 흘러가게 내버려 두자."「엄마의 기도」 (마지막 연) 그분은 다 알고 계신다는 믿음 안에서 스스로 위안을 받는 것이다.

여름내
더위를 온몸으로 달구어
노랗게 익히더니
텃밭 귀퉁이에 달이 떴다

곰방대를 두드리며
호령하던 조모의

서슬 퍼런 눈초리가
뒷꼭지에 날아와 꽂히던 가을 끝

무르익고 익어
앞마당에 자리 잡고 누운 늙은 호박
며느리 허벅지 속살처럼
노란 속을 드러내놓고 웃고 있다

가마솥더위도 식히는
어둠이 밥상머리 끝으로 오기 전
늙은 호박은
해산한 손부 앞에 가득 놓여 있고

조모의 사랑만큼
하늘에 보름달이 떠 있다

-「늙은 호박」 전문

시, 「엄마의 기도」에서 나타난 이영옥의 시 정신은 시 「늙은 호박」에서도 확인이 가능하다. 이 시는 가족을 위한 조모의 계획된 설계로 봄날에 태어나 뙤약볕 여름을 지나 손부의 해산 밥상 위에 대령 되었을 것이다. "곰방대를 두드리며/호령하던 조모의 /서슬 퍼런 눈초리가/뒷꼭지에 날아와 꽂히던 가을 끝"-「늙은 호박」 (2연) 가을날 해산할 손부를 위해 노심초사 곤방대를 들고 늙은 호박을 지키시던 할머니의 모습에서도 알 수 있듯이 손부 사랑을 넘어 호박이란 객관적 사물을 통해 생명에 대한 근원적 사랑으로 나타나고 있다. “가마솥더위도 식히는/어둠이 밥상머리 끝으로 오기 전/늙은 호박은/해산한 손부 앞에 가득 놓여 있고”-「늙은 호박」(4연) 과 “조모의 사랑만큼/하늘에 보름달이 떠 있다” -「늙은 호박」(마지막 연)에서 보이듯이 잘 익어 속이 꽉 찬 늙은 호박과 충만한 보름달을 빌려 조모의 푸짐한 내적 사랑을 시로 승화시킨 작품이라고 볼 수 있다. 즉, 시 「엄마의 기도」나 「늙은 호박」 에 나타나는 공통적 시상은 ‘믿음’이며 ‘사랑’으로 귀결된다고 할 것이다.

3

이영옥 시인의 시집은 외견상으로 보아 전 4부로 구성되어 있으나 대부분 주제나 화자가 이야기하고자 하는 시적 서정성은 자연에 대한 특히 꽃에 대한 사랑이며 자기 삶의 미학과 인간다움이며 자신에 대한 사랑 껴안기일 것이다. 시인의 말을 빌려보도록 하자 “가는 세월/붙잡는다고 멈추지 않으니/내 할 일 하면서 아름답게 살며/느린 걸음 일지라도/나를 사랑하기로 했습니다/남은 날들/작은 불빛이라도 환하게 밝혀/따스함을 전하며/나의 사랑을 꽃물처럼 물들이고 싶습니다” -〈시인의 말〉 일부-에서처럼 자신에게 용기를 주고 타인을 위한 작은 불빛이라도 되겠다고 하는 화자의 꿈은 현실을 '언제나 바른길로 걸어가는 것' 「좌우명」(4연 마지막 행) 시 속에도 다짐과 지향성을 나타내고 있다.

가늠할 수 없는 삶이
외로움으로
너를 가둬 떨게 할 때

끝없는
해안가를 거닐며
높고 넓은 하늘을 올려다보고

골 깊고 높은 산을
바라다보며
용기 내어 보렴

산다는 것에
어떠한 이유도 꿈도
측량한 계획도 없을 때

이 모든 것
지나온 길 위에 버려두고
일어나 다시 걸어 꿈을 꾸렴

용기를 내어

–「꿈을 꾸렴」 전문

시인의 삶에서 시간성인 일상을 넘어 어찌 보면 무언가를 갈구하는 절절한 세월에 대한, 또는 오랜 세월 동안 자신을 속박하고 "가늠할 수 없는 삶이/외로움으로/너를 가둬 떨게 할 때" -「꿈을 꾸렴」(1연), 보편적인 고독의 생활에서 벗어나고자 "끝없는/해안가를 거닐며/높고 넓은 하늘을 올려다보고"-「꿈을 꾸렴」(2연), 슬픔과 위안을 회상적 "이 모든 것/지나온 길 위에 버려두고/일어나 다시 걸어 꿈을 꾸렴" -「꿈을 꾸렴」(5연), 을 통해 시인의 의식이 활짝 열려 있으며, 용기 있는 꿈을 강조하고 있다고 보여진다.

새벽에 내린 찬 이슬
선득하니
옷깃을 파고든다

모두가
혼자가 되어 서성이는 계절
인생은 어디를 향하여
쉼 없이 가고 있는 것일까

차가운 바람이 거리를 헤매고
뒤돌아볼 수 없고 앞만 보고 가는 생
때론
창가 따스한 불빛이 걸음을 멈추게 해도

나의 좌우명
냉정함 잃지 않고

언제나 바른길로 걸어가는 것

-「좌우명」 전문

미학적 구조란 긍정과 부정의 변증법적 아래서 발생한다고 한다. 말하자면 슬픔과 위안이 미의 변증법이란 것과 같다는 것이다. "모두가/혼자가 되어 서성이는 계절/인생은 어디를 향하여/쉼 없이 가고 있는 것일까"-「좌우명」 (2연), 자연과 사회적 삶의 토대 위에서 주제가 발생하고 "차가운 바람이 거리를 헤매고/뒤돌아볼 수 없고 앞만 보고 가는 생/때론/창가 따스한 불빛이 걸음을 멈추게 해도"-「좌우명」 (3연), 주제를 뒷받침하는 일반적 현상이 시적 모티브라고 한다면, 주제와 모티브의 일반적인 것이 슬픔이라고 볼 때 시인은 이 슬픔을 노래할 때 "나의 좌우명/냉정함 잃지 않고/언제나 바른길로 걸어가는 것"-「좌우명」 (4연) 처럼 시인의 힘겨웠던 삶을 떨쳐 버리고 위안을 얻는 것이 아닌가 싶다.

4

이영옥 시인은 누구보다 예사롭지 않은 열정을 타고 난 것 같다. 그가 걸어온 인생길 역시 그리 녹록지 않은 듯하다. 존재에 대한 끊임없는 사랑은 고희를 맞이하고서야 자신의 존재를 획득하고 사랑의 속성을 통해 자신의 열정을 밀도 있게 물들이고 있다. 제2의 인생을 이처럼 꿈틀거리듯 그의 앞날에 자연인이 아닌 시인 이영옥으로 건강하고 발전적인 자신의 존재 이유를 이야기할 것이다.

새벽
정적을
깨우는 숨결 소리

고요함
시계 초침 소리로
일어서려 한다

어둠의 공간 속에서
파문을 일으키며
또 하루의 삶을 준비하고

생명의 규칙적 맥박이
심장을 두드리며
심연의 적막 깨트린다

숨
쉴 수 있다는 건
존재한다는 것

새벽 시간
어둠을 헤치고
오늘도 나는 살아 있다

–「존재」 전문

인간은 자신에게 처한 환경에 순응하면서 “새벽/정적을/깨우는 숨결 소리//고요함/시계 초침 소리로/일어서려 한다”-「존재」(1~2연) 그 모순을 개선해 “어둠의 공간 속에서/파문을 일으키며/또 하루의 삶을 준비하고” -「존재」(3연) 나아가려는 노력을 계속한다. 그러나 이런저런 일로 인해 적응할 사이도 없이 갑작스럽게 환경이 바뀐다면 아무리 인내심이 강하거나 끈질긴 인간이라 해도 불행한 파탄이 오는 것이다. 위 시는 그러한 현실적 배경을 시인의 체험을 통해 터득한 긍정의 사고방식 쪽으로 살아있다는 희망과 성취의 내용이다.

시인은 이러한 자신의 존재를 그에 시 「감정선」「누구나 가는 길」에서 표출하고 있다. “삶이란/다 때가 있지/사랑할 때/그리울 때/보고 싶을 때 그리고 떠날 때//삶이란/다 때가 있는 걸/힘들 때/곤할 때/아플 때 그리고 슬플 때//삶이란/다 때가 있어/웃을 때/속상할 때/울고 싶을 때 그리고 외로울 때//인생이라는/존재 안에서/피어나는/일곱 색깔 /무지개 감정선”-「감정선」(전문)에서 자신의 감정선을 무지개색으로 물들이려는 상상력이 신선하고 강한 에너지로 다가온다. “모두가 가는 길/그 길 끝이/먼 곳 같아도 가깝고/가까운 것 같아도 먼 길//우린 모두/도무지 알 수 없는/그곳을 향해/저벅저벅 걸어가고 있다//되돌릴 수 없는 시간/

타이머를 맞혀 놓아도/고장 난 시계처럼/가고 있는 길//누구나/가는 길/그 길 위에/가을볕이 따사롭다."처럼 「누구나 가는 길」(전문)에서도 자신에게 주어진 삶을 사랑하고 그리워하며 오늘도 시인은 희망차게 살아가고자 한다. 푸르고 싱그럽게 자라날 씨앗 하나 가꾸며 자신을 반추하고 역동적인 힘을 얻기 위하여 용기를 내본다.

5

현대 도시적인 지배에서 살아가는 우리는 한 번씩 흙내음이 물씬 풍기는 자연을 그리워한다. 그것은 어린 시절의 추억이 고스란히 배어있는 고향 산천이면 더욱 좋을 것이다. 그 속에서 도시적 삶에 찌든 삶을 떨쳐 버리고 자연과 합일의 생활을 꿈꾸는 일은 누구나 가져 볼 수 있는 것이다.

이영옥 시인도 주말이면 언제나 가까운 농원에 나가서 조그마한 텃밭을 가꾸며 시간을 보내고 있다. 그곳에 씨앗을 뿌리고 가꾸며 새록새록 돋아나는 생명체를 보며 노을의 시간이 이대로 정지되어 주기를 바라는 따뜻한 시인의 내일에 대한 기대와 존재가 배어 있음을 알 수 있다.

씨앗
하나 날아와
돌 틈에 터를 잡고

소중한 생명
작은 꽃 하나 피우니

너로 인해
세상이 아름답고

너의 향기는
온 세상
살맛 나게 하는구나

-「씨앗 하나」 전문

이 시는 시집의 메타 텍스트이기도 하지만 시인의 전체적인 삶의 의식을 엿볼 수 있는 작품이기도 하다. "씨앗 /하나 날아와/돌 틈에 터를 잡고" -「씨앗 하나」 (1연) 에

서는 시적 화자가(씨앗) 세상에 태어나 사회적 환경에 터를 잡았다는 것을 비유하고 있다. "소중한 생명/작은 꽃 하나 피우니//너로 인해/세상이 아름답고" -「씨앗 하나」 (2~3연) 는 앞에서 언급했던 것처럼 이제는 자신을 사랑하겠다는 의지가 담겨 있다는 것을 알 수 있다. 그리고 역설적 2인칭 화법으로 너로 인해 세상이 아름답다고 노래하는 것은 그만큼 자신을 사랑하고 자신을 믿는다는 뜻도 들어 있는 것이다. 그리하여 "너의 향기는/온 세상/살맛 나게 하는구나" -「씨앗 하나」 (4연) 처럼 나로 인하여 남은 날들을 위해서는 타인의 삶에 작은 불빛이라도 환하게 밝혀 따스함을

전하겠다는 인간적 소회와 아름다운 시인의 마음에서 우러나는 숭고미의 표출이라고 볼 수 있다. 남을 사랑하는 것이 곧 나를 사랑하는 그것이라는 삶의 진리이며 인간다움을 이야기하는 것이다.

이와 같은 시인의 생각은 더불어 살아가는 세상에는 누군가의 동행이 "해 질 녘 서쪽 하늘/외로운 별 하나/밤하늘 어둠이 내리어/더 빛나는 것을//은하수 강가에/끝없이 떠가는 저 별/어느 곳을 향해/끝없이 떠가나//만월로 가는 달빛/가는 길 비추어 동행하니/천체의 조화로움이/아름다운 우주인 것을" -「동행」 (전문) 있어야 가능하다는 것도 깨우쳐 주고 있다.

긴 시간 서성이고 있었지
길을 찾으러 둘이서

맑은 눈을 가진 한 아이
어딜 찾느냐고 물었지

천진스러운 소년은 웃으면서
길을 일러주고
폴짝폴짝 뛰어가더군

그것이 일상인 것처럼
습관처럼 길을 알려주고

돌아보지 않고 가는 소년이
눈앞에서 아른거려
천진스러운 아이가 사랑스러워
웃음 만 던져주었지

잘될 거야
너는 잘될 거야
그리고 우리도 잘될 거야
소년이 우리 길을 일러준 것처럼
다 잘될 거야 하면서 최면을 걸어 본다

눈앞에
다가와
길을 일러준 소년
우리 인생의 구세주일지도 몰라

-「소년이」 전문

'소년이'라는 이 시는 신비주의적 색채가 묻어나는 시다. 화자는 시의 기술적 요소를 배제하고 담담히 스토리를 전개하며 몽환적 세계로 타자를 이끌고 있다. 막막한 상태에서 출구를 찾지 못하고 헤맬 때 삶의 나침반을 제시해 준 소년! 어쩜 신은 화자의 소망 속에 있고 삶 속에 있는 것이 아닐까? 하는 생각도 해 본다. 상상이 끝나는 곳에 신앙이 있다는 말처럼 말이다.

우리가 가는 길은 혼자 갈 수 없기에 누구나가 동행이고 누구에게는 동행인이 된다는 진리의 심미안이 세계를 향해 소박하지만 강렬하게 지향(primitivism)하고 있다고 보여진다. “잘될 거야/너는 잘될 거야/그리고 우리도 잘될 거야/소년이 우리 길을 일러준 것처럼/다 잘될 거야 하면서 최면을 걸어 본다” -「소년이」(6연) 이는 순수한 인간 정서의 서정을 내부세계에서 토로 된 독백으로 보아야 할 것이다.

이처럼 화자는 내부세계에 잠재된 의식들을 사람과 사물을 통해 토로하고 있는데 그 이유는 회한 적 삶을 전환하기까지는 상당히 오랜 감정의 숙성 시간이 필요했던 것이다. 그러면 이 시집에서 가장 짧은 ‘동백꽃’이라는 시를 보도록 하자.

붉은
꽃잎 속에 고요

달을 품고
고뇌하는 너는

영혼인 듯
찬바람 끝에 피는 것을

-「동백꽃」 전문

이 시는 총 6행, 3연의 비교적 호흡이 짧은 시라고 하지만 실은 가장 긴 의미적 요소를 담고 있다. 그것은 시에 나타나는 함축적 의미가 다양한 우주의 숨결을 멈추게 하는 잉태의 순간부터 비밀을 품고 고뇌하는 고통의 시간을 지나야 비로소 한 생이 완성돼 나와 만난다는 걸 의미하는 것이라 생각이 든다. 그렇다. 이 세상 모든 것은 절박하고 만남은 우연인 것이 하나도 없을 것이다. 스쳐 지나가는 모든 것들도 우연이 아닌 필연이라고 생각한다면 만남 하나하나 그 자체가 얼마나 소중한가를 생각하며 살아야 할 것이다. 아울러 좋은 시는 부드러우면서도 섬뜩하다는 것도 알 수 있었다. 이 시는 바로 시인이 되어가는 이영옥이고 그의 인생 자체라 보는 것도 타당하리라 생각한다.

6

이제 노을이 묻어나는 뜰에서 시인의 사랑은 갈망에서, 혹은 부족함을 채우기 위해서라도 따뜻한 온도를 유지하며 너를 향한 내 마음, 박꽃처럼 순결하고 수줍은 얼굴로 찬란하기를 기대해 본다.

지금까지 이영옥 님의 시집 《씨앗 하나》을 중심으로 살펴본 바로는 시집에 실린 70여 편의 시작품 군들이 대체로 꽃과 사랑, 그리움 그리고 자연을 중심으로 사고하는 삶의 의미와 긍정의 사고방식을 우리에게 제시하는 성격을 지니고 있다 할 것이다. 이는 이영옥 님이 살아온 흔적의 시간이 부정적인 사고보다 긍정적 사고가 그의 삶의 방향으로 지향성을 가졌기 때문이다라고 할 것이다. 이는 어떤 목표를 설정하기보다는 자신이 걸어온 과거의 서사 속에서 자기 일을 사랑하며 주어진 삶에 최선을 다하며 살아왔고 앞으로도 노력하며 긍정의 방향으로 살아가려는, 즉 주어진 자연에 순응하면서 가장 아름다운 모습들로 나타나 있다고 보여지는 것이다.

토양이 좋은 곳에 튼튼한 씨앗을 심는다고 해도 정성을 다하여 가꾸지 않으면 그 씨앗마저 거두어 드릴 수 없다는 자연의 순리이기에 뿌린 씨앗들이 잘 자라도록 정성껏 가꾸기를 바라는 마음이다.

씨앗 하나 날아와